아직 부르지 않은 노래

아직 부르지 않은 노래
문규열 시집

발행일 2024년 9월 13일 초판 1쇄

지은이	문규열
펴낸이	정연순
디자인	이우석
펴낸곳	나무향
주 소	서울 광진구 자양로 28길 34, 드림스페이스 501호
전 화	02-458-2815, 010-2337-2815
메 일	namuhyang2815@hanmail.net
저작권자	ⓒ2024 문규열
출판등록	제2017-000052호

가격 10,000원
ISBN 979-11-89052-83-6   03810

- 잘못 인쇄된 책은 바꾸어 드립니다.
- 이 책은 저작권법에 따라 보호를 받는 저작물이므로 무단 전재와 복제를 금합니다.

· 이 책은 충청북도 충북문화재단 의 후원을 받아 예술창작활동지원사업의 일환으로 발간되었음.

아직 부르지 않은 노래

문규열 시집

나무향

■ 시인의 말

 청풍강 황석리 나룻배를 타려고 법개천을 지날 때, 노란 아기별들이 유유히 흘러가는 산수유 꽃배를 보고 얼마나 설레고 흥분했던지! 한벽루 익랑을 청풍강에 담근 듯한 멋스러운 고풍! 보름달 뜨는 날 밤이면 누각 밑으로, 강물에 비친 보름달은 표현하기조차 부족하다. 이런 아름다운 풍경에 빠져 사느라, 제천에 터를 잡았으려니…. 3, 4년 정도만 살다가 다시 서울로 가리라 마음먹었던 계획은 살다 보니 지독한 정情이 들어 무산되고, 이제는 아예 뼈를 묻으려고 마음을 굳혔다.

 가끔은 자연의 소릴 들으려고 산천을 휘젓고 다니는가 하면, 마을 구석구석을 누비며 삶의 이야기가 녹아 있는 사람들을 만나 서사를 담아보고 싶었다. 아직은 부르지 않은 많은 노래를, 더 불러보고 싶은 갈망이 있다. 욕심 없이 조용하게 찾아준 아침햇살처럼, 평화로운 시간을 가꾸고 싶다. 사랑하는 사람을 더 사랑하는 노래로, 더 사랑하는 사람을 더 많이 사랑하고 싶은 마음으로, 광활한 대자연으로 들어가 나를 찾아보는 노래를 부르고 싶다. 제천을 배경 삼아 노래를 부르리라.

    이 책이 나오도록 도와주신 김순남 수필가, 정연순 대표께 감사드린다.

2024년 9월 청풍 강변
어느 가을 아침에 문규열

차 례

시인의 말 5

제1부 아직 부르지 않은 노래

詩가 있는 아침_14
우리_15
새해의 꿈_16
달빛 정원_17
고목 바위_18
곰소항_20
그 바람, 의림지에 누웠다_22
동강의 물안개는_24
별빛 정원_25
육모정 꽃밭_26
아직 부르지 않은 노래_27
아침이 있어 좋다_30
고사목_32
이별 시간표_34

제2부   바다 편지

가을 기도_36
11월의 코스모스 2_37
감자꽃_38
봄_39
생각난 봄날_40
기다리는 날_41
봄을 그리다_42
로즈카페_43
능소화 피는 집_44
만항재에는 별꽃이 핀다_46
바다 편지_47
얼음골의 봄날_48
유홍초_50
해당화_51
채석강에는 그리움이 핀다_52

제3부 아버지란 이름으로

내 얼굴_54
박꽃_55
길을 잃다_56
봄이 나에게 묻습니다_58
예순 일곱 마디를 가진 장미_60
아버님의 생신 밥상_62
아버지란 이름으로_64
오동나무_66
엄마의 맨드라미_68
어머니의 빈자리_69
태인의 여자 친구_72
할미꽃_73

제4부　일곱 개의 별

꽃잎 떨어지던 6월에_76
독도에서의 외침_78
동백꽃이 피면 선운사에 가자_80
봄 오는 소록도_82
세연정에서 고산을 만나다_84
영랑의 봄 바다_86
영춘화를 보면서_88
일곱 개의 별_89
초록 물방울이 아프다고 한다_92
탁사정濯斯亭_94
한글날에_96
해미성지에서_98
너를 기다리는 동안_100

제5부   디카시_오래된 사랑

곶감_104

귀가 시간_105

기다림_106

꽃 양산_107

동반자_108

들고양이의 피서_109

마중 길_110

민들레야! 또 떠나니?_111

백년해로_112

생각하는 로댕 나무_113

십자가의 영광_114

어떤 순례자 2_115

오래된 사랑_116

장독대_117

돌탑_118

자유_119

천년의 사랑 갓바위_120

해를 품다_121

제6부 디카 에세이_바위의 고독

11월의 철쭉_124
나이테_126
마지막 잎새_128
매미는 우는 걸까? 노래하는 걸까?_132
수련의 성城_136
주인 없는 묘지_138
하늘 캠퍼스_140
바위의 고독_142
차창 밖 가을풍경_146

제1부

아직 부르지 않은
노래

詩가 있는 아침

밤새워 지어놓은 거미줄에
옥구슬 하나 걸어 놓았습니다

새벽을 열다가
아름다움이 손짓하는
내 삶이 걸려 있습니다

오색 빛 아침이
대롱대롱 매달려
詩를 쓰고 있습니다

우리

빛의 파장에서 오는
환희의 순간
오늘이 최고라는 시간
뜨거운 마음을 담는
아침을 일으켜 세웁니다

오늘이 좋은 것은
나 혼자만의 것이 아닌
우리라는 힘을 가진
우주 속에서
함께하는 무한의 창조
바로
그대가 있는
세상이기 때문입니다

새해의 꿈

아침같이 새로워라
새해에는
아침햇살처럼 고와라

구름 없는 파란빛
하늘 높이 솟아라

수정 알같이 맑아서
퐁당 빠져들 것 같은
그런 눈 가진 사람처럼
새해에는
아침같이 새로워라

꿈 영글게 하는
새해에는
아침처럼 새로워라

달빛 정원

나각의 소리
달빛 머금은 작은 호숫가

피아노 건반을 걷는
베토벤의 소나타
리듬을 타며 흐르고 있다

언제부터인지 살포시 내려앉아
낭만의 정원이 되고
달빛 스며 그리운
귀차르디* 같은 연인과
함께하고 싶은 거리
중앙로 달빛 정원

메가*의 커피 한 모금 마시며
웃음꽃 피는 그대 얼굴 그린다

*귀차르디: 베토벤의 연인, *메가: 중앙로에 있는 커피 전문점

고목 바위*

모래톱을 만든 물결무늬
나이 먹은 세월은 흔적 하나를 새겨놓았다
삶과 죽음의 갈림길로 만들어 놓은
이별의 슬픔이 보초병처럼 서서
한恨의 눈물은 바다를 이루고
고달프던 생의 질곡은 바위틈에 갇힌 채
무겁게 수직하고 있다

큰 장벽으로 놓여 있는
먼 산을 주시하다
가끔은 눈물 훔치며
망향 탑을 세워놓고
누군가를 기다리던 마음
초승달을 닮은 풀등이랑
모래 여울에 앉아 기도하고 있다

북녘에서
남녘에서
바람으로 왔다가

길을 잃어버릴까 봐
이정표가 되라고
선禪한 석문 하나도 만들어 놓았다

보름달 밤이면
유난히도 큰 별이 내려와
마음도 내려놓고 가는
초록빛 모래언덕
장승처럼 서 있던 고목 바위
어제처럼 바람을 모으며

오늘도 소원을 빌고 빈다
보고 싶은 사람 언제든지
만날 수 있게 해 달라고...

*고목 바위 : 백령도에 있음

곰소항

바람조차도 쉬어가는 날이면
그 푸르던 바다는 하얀 꽃밭이 되고
꼼장어 한 마리가
긴 꼬리를 힘차게 흔들며
함초 숲 사이를 지나간 후
서녘은 붉은빛으로 물들어 간다

이름도 아름다운 순비가시나무채 같은
헤아릴 수도 없는 염생식물초들이
꽃 잔지 펼치는 노을빛 밟고
큰 눈 휘두른 방게 앞에서
짱뚱어는 그만 놀라 도망을 친다

운이라도 있는 날
마실 나온 칠게들이
수초 그네라도 탈라치면
어디에서 왔는지
바다노래새가 사랑 노래를 부르고
조가비는 부끄럽다고 갯벌에 숨을 때

목선 한 척이 들어왔다
포근한 엄마의 가슴 같은 곳으로

그 바람, 의림지에 누웠다

부동不動으로만 있다가
두껍게 달려가는 세월의 청태靑苔는
영호정暎湖亭 처마 밑에 매달려 있다

지난 봄날
신월동 하마비下馬碑에서 움튼 복사꽃 향기
용추폭포에 나들이 왔다가 낙화하고
귀뚜라미 오는 소리에
그 뜨겁던 여름날도 가을 호수에 잠겼다

아마, 누구에게나
떨쳐버릴 수 없는 인연
씨앗 같은 것 하나씩은
가슴에 묻어두고 살아가는 것인지
솔잎마다 글썽이던 언어 꺼내지도 못하고
용담에서 솟던 샘물, 솔바람이 일어날 때면
바람은 양 떼를 몰고 가다
솔 비알에 걸터앉은 노을빛을 담금질한다

어디에 있다가 왔는가?
사념思念에 쓰러진 하루가 잠들 즈음
불현듯 청사초롱 밝히고 서 있는 그

가련한 그리움 담은
수경水鏡빛 하늘까지 이어지고
그 앞에만 서면
부끄러워 손끝 떨던 솔잎
그리움에 먼 산 바라보던 달
삶의 바람조차도
모두 다 마음 내려놓으려고
의림지에 누웠다

동강의 물안개는

강바닥 깊은 곳에서
간신이 빠져나온 안개
하얀 한숨만 끝없이 토해내며
산기슭으로 올라가는 이유가 있을 것이다

아홉 마디마디
모짊으로 피는 야생초 길섶을 지나치다
차마 볼 수 없는 사연 듣고
아픈 능선 하나 감싸주려는 마음도 있었을 것이다

햇살 잃어버린 아침부터
외로운 목덜미 감추고
뒷모습조차도 아픈 삶의 詩
방향 잃고 전염병처럼 번지는
그리움 때문에
애써 감추고 싶은 이유도 있을 것이다
말 한마디 할 수 없는
저마다의 넋두리를 날려 보내려고
울부짖는 눈물일 것이다, 아마

별빛 정원

의림지 물빛이
청전 들로 내려앉아
황금으로 물들일 때
우르르 쏟아지는 별빛

아쿠아리우스의 자비로
삼한 농업의 시발점이 되고
마음을 적신 은하수 은빛 물결로
페르세우스를 닮은 의병이 일어난
제천의 표상 일곱 개의 별봉星峯

별들의 속삭임에 귀 기울이는 가을은
도르르 구르는 아이의 꿈을
영글게 하고 있다

의義에 발등을 적신 그날부터
내일을 위한 가슴으로 목소리를 가꾸는
저 초롱초롱한 별빛 전설
우리의 마음속으로 쏟아지는…

육모정 꽃밭

햇살 내려앉은 뜨거운 담물을 긁어모으면
탱글탱글하게 영근 육각형 운석 톱니 바람 위로
염부의 얼굴에 하얀 꽃이 피네

결코 서둘러서는 안 되는 느림의 진실이
달리는 목조열차 너머 바람 소리 들으며
진한 짠 냄새에 부대끼는
끈적끈적한 이야기가 살고 있네
삶은 이런 거라고

텅 빈 수평선을 만든 새벽만 해도
해무 자욱한 고요의 바다는
땀 스민 용광로가 되어
하얗게 물든 염전

사그락사그락 하루가 여문
하얀 꽃밭이 생겼네

아직 부르지 않은 노래

내게는 아직 부르지 않은 노래가 있다
인생을 찬미하며 진실한 삶을 가꾸는 노래,
바람처럼 가벼운 마음으로 세상을 살며
흐르는 강물처럼 진정한 참맛을 알아보는
그런 노래들이

늘 새로운 곡조를 품고
인생으로 아직은 불러보지 않은 멜로디
더 많이 내 앞에 펼쳐져 있을 것 같은 찬가들을
봄, 여름, 가을, 겨울의 사계를 품은
아름다운 마음으로 즐길 수는 없을까?

나는 아직 부르지 않은 노래가 많다
광활한 우주 속에서 별을 헤며
나의 내면을 들여다보는
작은 조약돌 속에서 나를 찾아보는
삶의 순간순간을 담아보는 깊은 곳에서
감미롭게 흘러나오는 화음을
노래로 불러보고 싶은

준비는 되어 있어도
미처 불러보지 않은 아쉬운 노래
깊은 잠을 자고 있는 영혼을 깨워
'사랑받는 삶'을 위해
주위 사람을 먼저 배려하는

훌륭한 사람은 아니어도
'욕먹는 사람은 되지 말자'는
마음 지닌 삶을
그런 진실한 삶을 가꾸는
노래를 하고 싶다

바람처럼 가볍고
눈물처럼 진실한
그런 노래 부르고 싶다

끝도 없이 드넓은 몽골초원을 달리며
다양한 주파수를 신비하게 살린
'후메이 노래'*로

하늘을 향해
사랑하는 사람을 더 사랑하는
노래 부르고 싶다

더 사랑해야 할 사람
더 많이 사랑하고 싶은 사랑
아직,
다 하지 못한 사랑을 위해
부르지 않은 노래
부르고 싶다

* 후메이 노래: 몽골인 들이 목의 여러 부분을 살려 소리 내는 특별한 발성법

아침이 있어 좋다

간밤에 스러졌다가
다시 일어나 손짓하는
이 아침이 좋다

싱싱하게 일어나는 아침을 보라
얼마나 신비한지를
힘들었던 어제의 일들이
저 태양의 기운을 받아
영롱한 이슬빛으로
다시 일으켜 세우는 이 아침을 보라

매시간을 투쟁하듯
삶의 전쟁터를 지나오며
수많은 질곡을 넘기도 했지만
그래도, 그 어느 한 켠에서는
녹슨 철모에서도
예쁜 들꽃 한 송이가 피듯이
이 아침은 그런 희망이지 않은가!

하찮은 말 한마디에 상처받고
무심결에 내뱉은 한마디가
독약을 준 것은 아니었는지를
반성하게 했던 지난밤 시간을 지나
오늘은 참된 하루가 되자고
두 손 모은 소중한 아침이지 않은가!

아픔이 있었던 것들도
지나친 행운을 탐했던 시간도
다시 생각해 보면 모두가 어제여서
얼마나 다행한 일인가!

잃어버린 좋은 생각의 씨앗들을
오늘 다시
쓸 만큼만 찾게 하는
살아 있는 아침이 있어서
얼마나 좋은 일인가!
나를 가꾸게 하는 날이 와서
얼마나 기쁜 아침인가!

고사목

죽은 나무가 손짓을 하네

지나칠 때마다
이정표가 되어주던 고사목枯死木
무언 속에 살아 있는
그의 알몸 앞에
치부恥部를 드러내놓고 대면對面했네

수백 년을 젊게 살다가
죽음으로 수백 년 다시 살며
활기찬 보금자리가 되어주고 있었네

시커멓게 썩어 쓸모없으리라고 여겼던
몸통, 개미들이 행렬을 이루고
그물을 쳐 변복變服한
호랑거미를 아랑곳하지 않고
애벌레도 살아가고
수없는 바람도 지나가고
산까치 머물다 간 자리

고개 내민 이름 모를 꽃 한 송이 피었네

무슨 이야기 만들어
향기를 뿌리는지
죽음의 깊은 안쪽에선
주검까지 내놓아 부활로 이어지는
생명의 아우성이 있었네
초록의 생명이 소곤거리는
죽은 나무에 꽃이 피고 있네

이별 시간표

모두 잠든 사이에
긴 꼬리 달고 들어선 검은빛
여로의 새벽길로 이어지고 있다
밤낮을 빛내던 사계를
수도 없이 지나오는 동안
어떤 인연 하나는
흰 바람으로 왔다가 구름처럼 흘러간다

간절했던 소망도, 상처 난 영혼도
미움과 분노와 질투까지를
만남은 이별을 염려했던 것인지
모두가 헛꽃으로 피다가 지는 것인지
하루하루가 쌓인 보편의 일상은
자유로운 인생을 바라던 삶의
빛나던 여름날의 오후도
야국의 눈물조차도 말라버린 설빛에 묻혀
엎디어 눈물로 땅 위에 선
오늘, 그 허공 속을 지나가고 있다

제2부

바다 편지

가을 기도

잠자리 한 마리가
돌탑 위에 머물고 있다
무슨 생각에 잠겼을까?

하늘 꽃 여행길에
봄을 키웠던
장미꽃 한 송이는
여름을 쉬어가라는데

누군가가 쌓아놓은
돌탑에 앉은 잠자리
계절이 익어가는 기도를 한다
가을빛 마음 머금은

11월의 코스모스 2

하늘거릴 때마다
정염을 불태우던 인연

차마,
건네지 못한 말 한마디
가슴만 섧네

그리움 하얗게
물결치던 언덕
하늘만 쳐다보다
울먹이는 살살이 꽃 지음知音

무슨 사연 있기에
텅텅 빈 세상을 맴돌며
서성이고 있는지
찬 이슬만 고이네

감자꽃

무거운 짐 지고
피어난 꽃

유전처럼 대물림하던
가난의 서글픔 감추고
밥 한 숟갈 덜어내려고
등 떠밀려 시집갔던
내 친구 순이

자주색 눈물 훔치며
뒤돌아 울던
순이의 얼굴

봄

목련꽃 아래
참새들이
봄을
쪼아대고 있다

간지럽다
나도 모르게
터져 나오는 웃음
참을 수 없다

봄이
활활 타오르고 있다

생각난 봄날

마루턱에
봄볕이 속살을 간질이던 오후
갑자기 생각났다

향긋한 봄
생각이 났다

심한 갈증을 해소하는
샘물이 생각났다

제비가 날던
그날처럼

기다리는 날

푸른 하늘이
놀빛으로 귀천하는 사이
대지의 한 모퉁이에
눈발 흩날려도
뜨거운 불길은
아궁이에서 잘도 탄다

언제나 중독된 그리움처럼
기다려지는 그런 날
두 눈 지그시 감고
은근하게 웃는 그런 날

봄을 그리다

봄을 그립니다
예쁜 꽃나무를 그립니다

살구꽃, 개나리꽃, 복숭아꽃
소담스럽게 피어나는
예쁜 꽃들을 그립니다

봄을 그립니다
멀리 있는 친구親舊를 그립니다
하늘에 계시는
엄마를 그립니다

로즈카페

새벽차로 달려갈 때도
지친 하루를 잠재울 때에도
하루에 한두 번은
떨리는 애무를 하곤 했다

싫은 내색 한 번도 하지 않고
깊은 가슴골에서 내어주던
달콤한 향기
버거웠던 노동은 안도하는 자유를 얻는다

일그러진 표정도 잠시
평화를 갈구하는 기도 같은
삶의 무지개를 그리던 그런 날들을
느낌으로 채운 장미꽃 입술로
또 다른 기쁨을 얻는 하루

능소화 피는 집

작은 옹달샘 하나 있는
꽃 터널 숲 오두막집
빛나는 별 아래
애달픈 입김 이슬로 맺히고
촛농은 오늘도
빈궁에서 홀로 탄다

시곗바늘은 어김없이
어제처럼 그 길을 찾아왔는데
삶의 땟국들이 묻어나는
이야기들마저
썰물처럼 빠져나가고 나면
새벽만 되면 일어서는 외로움

빈방도 부끄러워 가슴 여미는
그 밤 홀로 앉으면
그만 시들지나 않을까
긴 밤 흔들리다가
문풍지에서 흐느낀다

외로운 등불만 켜놓은

그리운 갈증

오늘도 능소화는 홀로 핀다

만항재에는 별꽃이 핀다

피카소가 비둘기 날개를 달고
하늘을 날다 저물면
구름엽서 한 통이
창가에서 서성이는데
반 고흐는
긴 꼬리 달린 별똥별 하나 데리고
만항재 별꽃 숲으로 내려왔다

도란도란하는 소리만 들리는 우주
그 밀어는 광한전에서나 들었을 것 같은 비파 소리
잊고 있었던 여인도 다시 돌아온 이야기 숲이 되고
별들도 그리움이 절절하면
여행 떠나는 유성이 되는 것을 알까?
연정 하나 키우다 고향에 두고 온 아쉬움
바람만 살찌운 아름다움이라 해도
지금도 흔들리며 기다리는 마음은
중독된 그리움만 키우는
만항재에서 별꽃을 그리고 있다

바다 편지

파도
밀려 올 때마다
중독된 아픔입니다

떠날 때는
멍든 상처가 되고
출렁거릴 때는
그리움만
커집니다

포말로 사라지는
사랑의 넋은
그만, 눈물입니다

얼음골의 봄날

매끄럽게 그려지는 붓질 끝에서
은은한 묵향이 피어오른다
봄비 내렸던 자드락길
싱싱한 연두 빛살이 쏟아지고
하트 하나가 비말처럼 전염된
핑크빛 길섶을 만들었다

하나 둘 셋 돌탑에 눌려
웅크리고만 있었던 날갯짓은
그만 굳어 있지는 않았을까?
깊은 겨울에는 동안거하고
청풍호수가 춤출 때도 모른척하고
삼복이 되어서야 기지개를 켠다는 얼음골

밀화부리 소리에 생강나무 꽃술이 터지면
봄 샘을 보고 질투라도 내는 걸까?
멧비둘기 사랑하는 소리에
매일매일 변하는 자드락길
연둣빛 속살이 유혹하는 봄의 향연

죽었던 사랑을 흔들어 깨우는 전령이 오면
깊은 잠만 자던 옥소玉所를 깨워
만당암晩唐巖에서 만나자고
연둣잎에 편지나 써볼까?

구곡가九曲歌를 부르던
한양지寒陽地에 봄이 왔다고…

*옥소玉所: 조선 중기의 권섭 시인
*만당암晩唐巖: 얼음골 가는 길에 있는 넓은 바위

유홍초

연둣빛 여리여리한 발등에
은방울 하나 걸어놓고
찬란한 아침이 일어나고 있다

돌담에 앉아
속삭이는 햇살같이
빗살 틈새에 피운
사랑한다는 말
차마 못 해도

밤이슬
함초롬히 젖도록
기도하는 마음
그댈 위해 피는 꽃

해당화

언제 보아도 고운 꽃이여!

파도에 몸을 씻고
오지 않는 임을 기다리다 지쳐
온몸에 가시 돋도록
외롭게 피는 꽃이여!

저 멀리서
성난 파도가 일면
부서진 편주片舟를 붙잡고
혹시라도 오지 않을까
기다림 가득 고인 얼굴이여!

세월이 흘러도
그리움은 끝이 없이
하얀 파도 속에 무겁게 다가오는 기다림
해풍의 깃에 고독을 걸친 슬픈 약속을
빨간 보료 속에
변치 않는 사랑을 키우는 꽃이여!

채석강에는 그리움이 핀다

해풍이 깃을 세울 때
우연한 인연 하나가
켜켜이 스며들며
그리움의 속살 은하수처럼 흐른다

해후를 기다리는 약속
마냥, 기다림으로 피어나고
별을 헤며 피어나던
명사의 해당화는 그만
이슬을 훔쳤다

어디에 있을까?
층층이 배어 있는
그는 어디에서 무얼 할까?
깊은 해음海吟만 들이켜고
눈을 지그시 감게 하는 그는

제3부

아버지란 이름으로

내 얼굴

칭찬 한마디에
밝게 피고

언짢다고
붉으락푸르락하는
냄비 같은 내 얼굴

윤회한 세월을
더 살아도
삶의 무게조차 담지 못한
찌그러진 내 얼굴

박꽃

하얀 꽃이 핀다
엄마의 마음을 닮은
장독대 곁에서 핀다

달빛 꽃이 핀다
무얼 줄까
다 내주고 싶은
마음만 늘 있는
작은 기도는 이슬에 젖어도
가슴에서 모아진 간구하는 소망은
엄마의 속살 꽃으로 핀다

백옥 등불을 켜놓은
엄마의 마음처럼

길을 잃다

하늘이 불러낸 행보를 하다가
호랑이 발톱 같은 보도블록에 걸려 넘어지고 말았다
찢어진 바지 속 무릎에서는 선혈이 낭자하고
땅을 짚고 일어설 수도 없게
양쪽 팔목은 시큰거리는데
내 속의 내가 너무 낯설게 보인다
그동안 쌓아왔던 생각의 무늬들이 망가져
모습은 비루해졌다

앞만 보고 달렸던 욕망은
왜 이렇게 초라한 모습으로 있는지
도저히 용납되지 않는 내가 나를 내려다보고 있다

겨우 일어서서 왔던 길을 뒤돌아본다
비틀거렸던 걸음걸이가
내가 살아왔던 생의 모습은 아니었는지
모두가 낯설다는 생각이 든다
힐끗힐끗 쳐다만 보고 지나쳐가는 행인들 속에
나는 처절하게 버려져 있다

저 만큼
지열地熱 꽃에 가려진 핑크뮬리가 어른거리고
그 꽃잎 겨드랑 사이로 연붉은 미소가 이는데
아파하며 사랑하던 사람도
바위 속에 깊이 묻어두었던 거문고 소리도
다시는 꺼내볼 수도 없는 것인지
모두가 한순간에 지나쳐 가는가 싶다

중심을 잃은 씁쓰레한 몰골로 앉아 있는
나에게 햇살만 손을 내밀고 있다

봄이 나에게 묻습니다

그렁그렁한 아침이슬
피어나는 꽃잎은
"좋은 아침입니다" 하고
봄이 나에게 묻습니다

온 누리에 그리운 얼굴로
다가서는 보름달은
당신은 오늘
"행복한 날입니다"
말할 수 있었는지
봄이 나에게 묻습니다

폭풍이 지나간
간밤에도 꺾이지 않고
조용한 여명으로 일어나는 아침은
힘들어하는 사람을 만나면
따뜻한 위로의 말
한마디 건넬 수 있는
생각을 해 본 적 있느냐고

봄이 나에게 묻습니다

봄은 말합니다.
봄은 모두에게 선물과 같은 것
자유의 권리를 누리는
소중한 생명과 같은 것이라고
서로서로 아끼며 존중하는 것이라고
상처를 치유하는 사랑이라고…

예순 일곱 마디를 가진 장미

푸르스름하게 일어나는 동살처럼
햇살 쏟아지는 교문리
장미 닮은 단발머리 숙녀를 만났다

해바라기처럼 해맑게 웃는 그녀
토요일엔 극장엘 가고, 동대문 곱창을 먹고
일요일엔 청평을 달리다가
연희동 조그마한 뒷방에서 여인이 되었지

눈 비 오는 저녁 어스름한 때에는
영락없이 우산을 받쳐 들고
동네 어귀까지 마중 나오곤 하던 여인은
깊은 눈빛 오가는 아침저녁이
수도 없이 사랑으로 녹아들 때
큰아이 낳아
발걸음은 부천을 거쳐 제천에 머물렀다

태어날 때마다 세상을 다 가진 듯한
기쁨의 세 아이가 다 자라는 동안에

가슴 쓰라린 아픔도 겪다가
서리 내린 창가에서
부서진 마음 조각을 모으려고
사자성어, 고사 성어를 읽었다

무엇이 그리 소중했기에
윤회한 세월을 훌쩍 넘긴
예순 일곱을 먹도록
바람에 흔들리며 피는
여대생이 되었는가!

바늘 끝같이 보이지 않는 미래에
거룩한 여정을 위한 희망을 걸고
시들 줄 모르는 장미꽃으로
피어나고 있는 중인가!? 그대는…

아버님의 생신 밥상

벚꽃이 흐드러지게 핀 한마음 오일장 날
굳이 당신이 장을 다녀오신다 하신 아버님은
거나하게 취기가 있으신 빈손이었다

「아버님! 장은 안 보셨어요?」
「응, 하도 무거워서 마을 입구 정자나무에 걸어놓았다」

매우 궁금한 아들 며느리는 단숨에 달려갔다
까만 비닐봉지 속에는 손자가 좋아하는
갈치 한 마리와 김 한 톳만 들어 있었다

다음 날 아침 밥상
잘 구워진 갈치 한 토막과
참기름 소금 냄새가 듬뿍 밴 김
아버님이 좋아하시는 노릇노릇한 파전
닭고기미역국이 차려졌다

당신에게는 철저하게 인색하시면서도
손자에게만은 사랑이 넘치시는 아버님

며느리가 따라드린 반주 한 잔에
온 집안은 화색으로 물들었다

아버지란 이름으로

아버지는 무한한 사랑으로
책임과 의무를 묵묵히 감당하며
세상을 비추는 등불이고자 한단다

고단한 하루 끝에서도
따뜻한 손길로
눈빛은 언제나 너를 향하고 있지

미래를 향한 염려는 밤마다 깊어지지만
너희들의 웃음 속에서 힘을 얻어
너희를 지켜주는 바람막이가 되어주려
다시 새 아침을 열곤 했지

희미한 등불 아래
아버지의 그림자는 길어도
그 등불은 미래까지도 켜 있고자 하는
염원을 담아 밝히려 한단다

어두운 길을 걸어도

아버지의 마음은 항상 너희 곁에 남아
인도하는 등불이고자 매 순간을 태운단다
천년의 고목에도
사색이란 것이 있듯이
사랑과 염려하는 격려 속에서 함께 자라
'늘 함께'라는 가훈 아래
사랑을 가꾸고 싶구나

아들아!
너희가 아버지의 꿈이란다

오동나무

아침 햇살 향기 담아내는
그리움의 한 조각
출렁거리는 보랏빛 꽃잎
그리움으로 번진다

누이가 태어날 적에 심었다는
오동나무 한 그루
아버지의 소망을 품은 듯
높이 뻗은 고상함이
평온하게 피었다

맑은 웃음소리와 어우러진
따스한 손길이 그리워지는
밤이 되면
은은하게 빛나는 별꽃이 되고
쌍골죽 사각거리는 속삭임에
우리들의 이야기가 사라지지 않을
평화로운 꿈결이 있을 뿐,

엄마, 아버지
누이도 오동나무 꽃잎에 묻혀
그만, 별이 되었나요

엄마의 맨드라미

아슴아슴한 날마다
정한수 한 사발 떠놓고
두 손 모은 청상 엄마
연신 가늘어진 허리로 기도하네

허기진 삶
유난히도
초롱초롱한 별밤
풀벌레마저 애간장을 태우고
그림자 짙게 밴
장독대 그 옆엔
밤이슬 머금은
엄마의 마음
맨드라미 하나만
붉게 물들고 있네

어머니의 빈자리

마루턱에 내려앉은 햇살이
말을 걸어옵니다
"어머니, 어머니! 밖으로 나오세요."
겨울 내내 거동이 불편했던 어머니는
방 안에만 계셨습니다

양팔에 날개 있으면
어디든지 가보고 싶을 때
「꽃 피믄 느그 집에도 한 번 갈란다」
하시던 어머니!
마흔여섯에 청상이 되어
아흔여덟 해 동안 당신의 모발보다도
더 늘어버린 주름살과 함께
가슴으로만 어머니의 아리랑을
홀로 부르지 않으셨을까 싶기도 합니다

세상을 언제 놓을지도 모르는
연세가 되셨는데도
회갑 진갑을 다 훌쩍 넘긴 자식들 염려하느라

「끼니는 거르지 않았냐?」 하시던
그 말씀 뒤에는 남몰래 훔치던 역경의 눈물을
수없이 흘리셨을 당신!
아직도 다 불러보지 못한
"어머니!"

다섯 형제를 위해
다 내주느라 앙상한 뼈마디에
마른 가슴이 되어
쭈그렁 할머니가 되어 버린
어머니는 어디에 계십니까?

봄 햇살이 소곤소곤 말을 건넵니다
"어머님, 어머님!"
그러나 응답이 없으십니다
옷맵시 곱게 입고 해맑게 웃으시며
나오시길 한참 동안 기다려도
어머니는 보이지 않으십니다

며칠 전 119에 실려 나가던
어머니를 보고 끼니를 거부하며
절명했던 백구白狗를 따라
긴 여행 떠나셨습니까?
딸 하나만 있었어도
덜 외로웠을 거라 하셨던
그 허전함을 삭이느라
흰 날개 달고
꽃구경 가셨습니까? 어머니!

뿌연 먼지만 쌓인 마루
햇살만 혼자
어머니를 기다리다가
핏빛 노을로 무너져 가고 있습니다
어머니! 어머니!

태인의 여자 친구

저녁 어스름에
아파트 입구, 김 교장 아들이
사법고시에 합격했다는
현수막이 걸렸다

고운 햇살이 인사하던 아침
까치 한 쌍이 요란할 정도로 지저귀며
귀한 손님이 올 거라고 알리더니
태인이가 여자 친구를 데려왔다
건강하고 심성 고운 아이처럼
미소에 담긴 말 한마디 한마디가
따뜻한 마음을 가진 것 같아
참 예뻐 보였다

축하와 기쁨으로 채워진 첫 대면
서로를 바라보는 행복한 모습
우리 집에 스며든
또 다른 따스한 햇살

할미꽃

진눈깨비 피해 있다가
여명의 이슬을 머리에 두르고
이른 아침부터 기도를 한다, 할머니는

이승을 떠난 지 언제인데
영감님이 그리울 때마다
홀연히 나타나
연지 바르고 임 앞에 서 계시는지

살아생전 금슬 좋은 부부
죽어서도 함께하길 바란다지만
지금도 살갗에 솜털이 가시지 않은
풋풋한 사랑을 키우는 할머니

모습은 연약하나
황금 꽃술 만들어
아직도 임께 드리는 그 마음

제4부

일곱 개의 별

꽃잎 떨어지던 6월에

빛이 잠을 자던 시간
느닷없이
새벽을 허무는 총성이 들렸다
휴일의 단잠을 깨우는 소리

남으로, 남으로
가슴이 할퀴어 나가고
살점이 찢어지는 비명
자유를 위한 전사의 피
남아 있는 자들의 눈물 속에서
엄마는 하얗게 밤을 지새우고
젊은 피는 조국이라는 이름 앞에서
꽃잎 떨어지듯 수없이 쓰러져갔다

절단된 허리를 껴안으며
골육骨肉이 상흔傷痕으로 남아
지금도 끝나지 않은 6·25

이웃사촌은 철조망에 걸린 지 오래된 오늘

바람조차도 황망한
북녘을 바라다보는 것은
바람결에 실려 오는
소식, 있을지도 모른다는 생각에
잠 못 이루는 6월

독도에서의 외침

차갑게 식어가던 대지
십자가에 매달린 국권
절망에서 멍울지던 선혈은
뜨거운 희망을 찾았습니다

태평양에서 밀려오던
한 시대의 서러움이었을까?
장도에 찔린 한순간
그만 정신을 잃었어도
총탄에 가슴이 뚫리었어도
절체절명으로 내 나라를 간구했습니다

아버지의 할아버지 때부터 열망했던
독립이라는 애국정신을
100년이 지난 오늘,
독도에서 외칩니다

만세! 만세!
대한을 넘어

저 지구 끝까지
평화를 사랑하는 사람들이
여기에 있다는 것을

동백꽃이 피면 선운사에 가자

구름이 떠돌다가
선정禪定에 마음이 머무르면
천년의 세월을 머금고
검단 선사의 눈물이 흘러내린
도솔천 가에 피어난
선운사禪雲寺 동백꽃을 보러 가자

바람이 일렁이는 칠산 바다 파도 위에서
작은 생명들이 춤을 추다
검단 선사의 부름 받고
보릿고개를 넘으려던 칠게가
수초밭에서 그네를 타던 검단 포구에 가보자

바람이 구름을 몰고 와도 가둘 수 없는
세월이 흘러가도 지워지지 않는
동학의 아픔을 품고 온몸을 바쳐
고요한 침묵 속에 피는
그 꽃을 보러 가자

연꽃 만나고 가는 바람같이
꽃 잎사귀마다 스며든 눈물이여!
쑥국새 이야기에
동백연에 동박새가 노래하는
그리움 피면
붉은 눈물 뚝뚝 떨어지는
선운사 동백꽃을 보러 가자

봄 오는 소록도

촉촉하게 눈물 스민
슬픈 눈동자 깜박거리며
금방 울어버릴 것 같은
사슴이 살고 있다

밤새도록 그리움에
부은 눈꺼풀 거두지도 못하고
상록수 사이로 쏟아지는
빛살만 쳐다보는 안타까움
수탄장에서 주저앉고 말았다

저 멀리 태평양에서부터
넓고 푸른 고향을 둔
나각의 울음소리를
벗 삼지는 않았을까?

몽당손이 되어버린 것도 서러운데
천륜의 정까지 이별하는
천형을 받은 자라니

차라리
없는 인연을 바라지는 않았을까?

평등이 동백 꽃잎처럼
떨어진 무덤 앞에서
단종수술대로 끌려가다가
보리피리 불며 봄 그리운
고향 생각에 눈물 훔치고 말았다

봄 오는 이 계절
보고 싶은 사람들이
더 그리운 봄

세연정에서 고산을 만나다

연못 위에 일렁이는 달빛 아래
자연인으로 살았다면
그 험한 세상은 없었을 것이다

정도를 몰랐으면
그 역경의 세월은 없었을 것이다
일찍이, 진정한 삶의 자유를 몰랐었다면
그 아픈 정치를 하지 않았을 것이다

나의 벗은 몇이나 될까
헤아려보니 돌과 물과 소나무와 대나무와
게다가 동쪽 산에 밝은 달이 있으니 그만이라며
오우가를 불렀다

민초를 짓밟고
반정과 적폐를 일삼던 이가
삼배구고두례三拜九叩頭禮를 했다는 소식에
평생을 은둔하고자 했던 고산

유독 대나무를 좋아했던 성품처럼
정의를 외면할 수 없어
유배지를 전전하다가
시간은 잠시 멈춘 듯 고요하게 흘러
십이 정각 세연정에 머물렀으니
격자봉은 오히려 그를 반기지 않았을까?

자연은 어부사시사를 낳고
수백 년을 사는 고산
벗이 되어 온 노송과
선민들의 친구였으니
그 품 안에 안겨
늦도록 봄을 보내는 동백꽃이었다

* 삼배구고두례三拜九叩頭禮: 3번의 무릎을 꿇고 9번의 머리를 조아리는 예. 인조가 청나라 황제 홍타이지에게 항복할 때 했다.

영랑의 봄 바다

작은 영랑 새 한 마리가
마음이 어지러울 때면
수평선 너머를 여행하다가도
황톳길 따라 꿈이 이어지는
청잣빛 혼을 담는 손질하다
그만, 눈시울을 훔쳤다

혹독한 겨울은
언제쯤에나 지나갈는지
앞마당 구비 진 돌담 밑으로
하얀 달빛 드리운 연못
모란은 아직도
봄조차 기억하지 못하는데
뒤란에서는
쌍골대 모죽母竹 끝에
초승달 매달려 우는 소리
삼라만상을 깨우고 있다

성조를 지키려는 권마성처럼

수제천壽齊天에 눈 맞은 혼백魂魄만
애절한 봄을 기다리고 있다
우리들의 봄을

영춘화를 보면서

햇살이 조잘대던
봄 뜨락 담벼락에서
야들야들한 미소로
인사하고 있다

걱정 많았던
혹한을 이겨내고
다시 찾아와줘
마음은 온통 들뜬 봄이다

이젠
희망이 보인다.
잃어버린 자유를
다시 꿈꿀 수 있을 것 같은
그날 사월이 와서
막연하지만
모두가 공존하는
그런 세상이 올 것 같아서

일곱 개의 별

삶을 꾸리다 하늘을 올려다본다
무엇인가 소망을 기원하는
생각들이 충돌하는 정교한 질서
하나하나 이야기가 스며 있는
수많은 생명 속에서
우주의 길잡이가 되는 북두칠성!

어둠에서 손을 뻗어 찾던 희망의 불빛
가슴으로 깊이 새겨진 신성한 이름으로
의림지 뜰에 생명과 운명을 주관하는
일곱 개의 별이 내려앉았다

시절이 수상하고 시끄러울 땐
월악산 바라보며 역병을 막아달라는
독송정獨松亭 누각에 기대어 시조 한 수 읊다 보면
솔 방죽에서 날아든 제비 한 쌍
낙엽송 우거진 연소봉燕召峰에 둥지를 틀었다

도요토미 히데요시*, 누르하치*, 홍타이지*가

나라를 도적질하고 분탕질로 절단을 내려 하면
역경을 이겨 내달라 기원하고
풍요를 비는 제사를 성봉星峰에서 지내며
메이지*가 제천 지도를 화마로 태울 때도
의연하게 일어난 의병
아후봉衙後峰, 정봉산丁峰山에서
횃불처럼 일어나 목숨을 던졌다

삶의 길목마다 서 있는 이정표가 되어
변함없이 수천 년을 이어온
국자 모양 네 번째 별자리를 닮은
요미봉要美峰은 안녕을 빌며
빨주노초파남보 무지갯빛이 조화를 이루듯이
제천의 표상이 되고 있는 칠성봉*
제천을 수호하는 별자리 신
자줏빛 짙게 밴 들녘으로
길이길이 우리와 함께하리라

* 도요토미 히데요시: 임진왜란을 일으킨 7년 전쟁의 원흉 침략자
* 누르하치: 후금의 마지막 임금이며 정묘호란을 일으킨 주범이다
* 홍타이지: 누르하치의 아들이며 국호를 청으로 개칭하고 병자호란을 일으킨 침략자
* 메이지 덴노(무쓰히토): 1910년 조선을 강제로 병합한 통치자 일본의 천황
* 칠성봉: 1.독송정 2.연소봉 3.성봉 4.요미봉 5.자미봉紫美峰 6.아후봉 7.정봉산

초록 물방울이 아프다고 한다

물안개 피어오르던 이른 아침
떨림으로 만났던 초록 물방울이
숲속 골짜기에서 내려와
큰 세상을 구경하고 싶었나 보다

도란거리는 물떼새들
수초 숲을 구경하다가도
모래알에 씻는 일도 게을리하지 않으며
까마귀 바위 틈새를 유영하는
예쁜 버들붕어들을 피하려다가
용케도 바위 모서리에 멍든 상처도 참는
그는 무슨 생각으로 긴 여행길에 나섰을까?

오랜 오늘을 맛보듯 구수한 이야기가 있는
생生을 살다 보면
꼭 거쳐야만 하는 숙명과 같은 길을 가듯이
재미난 순례의 여정에 한참 빠져들고 있을 때
도담도담 키워보고 싶어 했던 바람은
그만, 두물머리 보洑에서 포로가 되고 말았다

녹여버릴 듯이 덤벼드는 태양
숨쉬기조차 버거운
찜통 속을 견디느라
시원한 진초록 빛깔로 입어본다는 옷이 남조류로 변했다

그들이 아프다는데
왜? 모른 체할까
무겁게 짓누르는 마음만
겹겹이 부유물에 갇힌 채
깊은 늪에서 빠져나오고 싶어
발만 동동 구른다

탁사정 濯斯亭

갈대꽃 너울대며
꽃구름 흘러가는
탁사정 맑은 물에
비단옷 씻는다오

노을빛
비단결처럼
멋스러운 친구여!

오늘은 마음 편한
그대와 함께하며
먼지를 씻어내듯
고단한 세상사를

탁사정
정자에 올라
기탄없이 논하세

철마다 아름다운

제천의 구경九景이라
봄철엔 야생화에
여름엔 물놀이로

가을엔
환고향하듯
찾아보는 탁사정!

한글날에

입이 있어도
평생을 빈말만 하던
벙어리였다, 나는

고독한 입술은
심근心根을 울리는 말을 만들다가
왜의 칼날 앞에서
갈기갈기 찢긴 상처를 입고
영혼조차 흔들리는 후유증을 앓았다

그러다가 또
꼬부라진 유행성 숲에 밀린
세종의 창제는 골목길에서 방황하고
생활의 외래가 날개를 달고
거리를 활보하고 있다

진정한 자아의 발견은
삶의 이중성에서 서성이는
깊은 고민에 빠졌다

얼마나 더 표류해야 하는지
거리에서 헤매고 있다, 오늘

해미성지에서

변명이 필요 없었다
항변의 시간도 없었다
곧, 참형에 처해졌으니까

삶은 자유를 갈망했다
책임이 있는 자유
꿈꾸는 자유
행복을 나눠주는
누구나가 평등한
실천의 자유를 공유하는 갈망 같은

운명처럼 우리를 지켜보던
회화나무 한 그루가 서 있다
수창水倉으로 내몰리는 안타까움 보며
자신의 팔을 빌려 주어야만 했던 회한
부끄러워서 스스로 자기 팔을 잘랐을까?
한쪽 마음이 텅 빈 가슴은
지금까지도 그대로 서 있다

믿음이란 무엇인가?
머리채가 허공에 매달리는 참혹한 생명
그의 믿음은
병인의 박해를 순교로 이겨내고
그 후예들이 살아 있는 오늘
회화나무 한 그루가 말을 하고 있다
사랑이라는 진리를 잊지 말라는 듯이

너를 기다리는 동안

너를 기다리는 동안
두 손 모아
정결한 기도를 할 것이다

오롯이
오래된 미래를 희망하는 동안
나는 꿈을 키울 것이다

보라
잉태한 기도가 천지를 물들일 때
비로소 간구하는 작은 기도는
너의 자비로 세상으로 다가오고

나는 너를 기다리는 동안
삶은 기도의 참맛에 살찌우고
메마른 가지에 새 움이 돋듯
사월! 너를 기다리는 동안
부활의 기쁨을 희망할 것이다

제5부

디카 시 -
오래된 사랑

곶감

쫀득쫀득한 향수가 배어 있는 고향

가을 햇살 따스해진 처마 밑,

곶감을 깎아 말리던 할머니의 그리움

생각만 해도 입안 가득 번져오는 단맛처럼,

보고 싶은 코흘리개 친구들

그들은 어디에서 무얼 하고 살까?

맑고 파란 하늘 아래 고운 햇살처럼,

곶감은 익어 가는데

웃음소리 가득했던

그런 날의 오후는 다시 올까?

귀가 시간

하루를 아름답게 수繡 놓는 시간
바빴던 일상을 마무리하고 귀가하는
이 순간만큼은 기분이 홀가분하다
사랑하는 가족들이 기다리고 있을 생각에
노을빛 닮은 마음처럼 편안하다

저 오리 가족들처럼
소중한 사람을 만나기 위해
노을 너머 따스한 보금자리 찾아가듯
행복이 함께하는 가족 품으로 가는 중이다

기다림

그대는 어디에 계시는가요?
모래알처럼 이 많은 사람 중에
내가 기다리는 그대는 어디에 계시나요?

별처럼 수많은 사람 중에 내가 기다리는 단 한 사람!
기다리다 너무 지쳐 내 목이 길어진 까닭을
그대는 아시나요?
길어진 목은 그대 이름 부르다 생긴 기다림이란 걸
그대는 아시나요?

꽃 양산

눈 부신 빛으로 꽃잎 하나하나에 담긴 향기
단장한 색깔 속에 물든 나는 마치 꽃밭을 걷는 듯하네
세상은 온통 꿈결처럼 부드럽고 포근하네
꽃을 보면 미소를 짓는 여유로운 마음처럼
꽃 양산을 쓰면
온천지가 더 아름다움으로 물들고 있네

동반자

내가 가는 길, 빛이 되어준 당신!
고된 날엔 쉼이 되어주고
서로의 눈빛 속에 담긴 약속은
걸어왔던 길보다 평생 걸어갈 길을
더 소중히 여기며 당신과 함께하리

들고양이의 피서

태양이 불타오를 때
아이들의 발걸음조차 끊긴 놀이터는 적막에 싸인다
미끄럼틀 그림자 속 그늘에 들고양이는 몸을 펴고 눕는다
더위에 지친 도시의 숨결 속에서 그늘은 유일한 쉼터가 된다

햇살은 여전히 강렬하지만, 아이들이 돌아올 때까지는
그늘은 평화가 보장된 쉼터다

놀이기구 그늘에서의 피서
다시 생기를 찾을, 숨 고르는 중이다

마중 길

무척이나 보고 싶은 사람!
그대 마중 나가는 길 위에서부터 마음은 이미 붉게 물들었다
기다림의 시간이 느려져 마음이 먼저 달려간 것일까?
붉게 물든 노을 탓일까?
가슴 깊이 두근거리는 설렘은 어디에서 오는 무슨 이유인가?!

민들레야! 또 떠나니?

만난 지가 엊그제 같은데
벌써 떠나니?
어딜 가서 살더라도
그곳에선
꼭 정착하여 오래 살거라

백년해로

서로를 바라보며 웃는 그 눈빛은 작은 일에도 감사하며
서로를 위한 마음
이제는 서로를 닮아버린 천 번의 아침과 만 번의 저녁이 흘러
백 년의 시간이 녹아 있네
할멈! 힘들진 않우?
서로를 향한 존경과 깊은사랑! 언제나 보석 같은 마음
생명이 다할 때까지 변치 않을 사랑으로 빛나리

생각하는 로댕 나무

하늘을 향해 기도하다가
뿌리 깊은 땅 속의 꿈을 생각해 보네
풍진 세상을 겪은 껍질의 무게로 세월의 흔적을 담고
숨진 바람의 소리로 수많은 이야기를 듣네
언젠가 다시 돌아올 봄을 기다리며
묵묵히
세상의 이치를, 생존의 깊이를 사색하네

십자가의 영광

뉘옻한 마음으로 고통과 눈물을
희생의 자취를 따라 이웃을 살펴보네
자비한 사랑으로 피는 진솔한 삶의 가치
절망을 이긴 한 줄기 빛으로 다가온 상처의 영광이었네
우리의 영혼을 밝히는 부활의 새 아침!

어떤 순례자 2

먼 산 너머를 흘러가는 구름 따라
바람의 노래를 들으며 낯선 길을 걷네
아침 햇살이 고우면 사뿐히 걷고
저녁노을이 붉게 물들면
작은 돌 하나 얹어놓고 쉬어가는 언덕
발길 닿는 곳마다 의미를 찾네

지친 발끝에도 꽃은 피어나고
고된 하루 끝에서도 꿈은 있네
가는 길에 무엇이 있든, 삶은 곧 노래가 되어
오늘도 내일도 빛나는 순례자의 마음으로 걸어가리

오래된 사랑

잔주름 하나하나가
우리의 이야기를 담고 있는 수많은 흔적
작은 기쁨과 아픔의 조각들조차 언제나 그 자리
화려한 꽃이기보다는 굳건한 나무처럼
그대와 함께 만든 비밀스러운 사랑이란 언어

장독대

유전처럼 대물림하며 이어받은 전통의 맛!
할머니, 할머니로부터 엄마에게까지 전수된
사랑의 간장맛!
씨간장 깊은 맛이 변하지 않아야
가족들의 건강도 챙길 수 있다는 참된 진리
엄마의 지극한 정성은 가족들 건강을 지키고
이웃을 배려는 마음에 풍요롭다
반짝반짝 빛나는 토기질 항아리처럼
엄마의 손길마다 진정한 혼이 깊게 밴 사랑

돌탑

기도하는 마음으로 한 돌 한 돌을 얹어 놓았습니다
아름다운 생각과 행위가 이웃과 함께할 수 있도록
미움이 없는 세상이 온 누리에 퍼져
평화가 공존하는 마음을 기원합니다

독선과 오만을 버리고
나보다는 함께하는 사람들이 천만번 더 훌륭하다는 생각으로
상식이 통하는 세상이 될 수 있도록
정성을 모은 돌 한 장 한 장을 얹어 놓았습니다

법보다는 먼저 예의 도덕이 우선하는 인성!
우리네를 위한
사랑의 탑을 얹어 놓습니다

자유

희미한 빛조차 잃었던 날들
끝없는 밤으로 갇힌 철창 속
구속의 무게에 짓눌린 억압된 날들이
자유의 꿈마저 잃어버릴 뻔했던
그런 날이
포기하지 않은 자유를 찾아 탈출했다

무한한 하늘 아래 첫걸음마
연보랏빛 싱그러움을 폐부 깊숙이 들이마시며
억압의 사슬이 끊어진 이 순간만큼은
자유가 얼마나 소중한지
내 가슴은 다시 뛰고 있다

천년의 사랑 갓바위

고기잡이 나간 남편은 끝내 돌아오지 않고
파도만 출렁거리는 해변에
기다림의 세월이 쌓인 돌이 되었는가!
밤낮 흘리던 눈물에 나타난 혼령인가?
지친 기다림 끝에 찾아온 두 혼령이
다시 만나 천년의 사랑으로 해후한 모습인가?

이제는 심한 풍랑이 일더라도
함께 바다를 헤엄쳐 헤어지지 말거라
사랑의 바닷가에서 영원히 함께하거라

해를 품다

하루를 열심히, 영글던 햇살을 품으면

살포시 가슴에 안긴다

무엇과도 바꿀 수 없는 평온함

따스한 기운을 얻는 포근한 휴식

해를 품은 여인의 설렘이다

제6부

디카 에세이-
바위의 고독

11월의 철쭉

봄꽃 향연을 펼치던 그곳!

차마, 전하지 못했던 깊은 사연 있는지 모두가 떠난 자리에 홀로 서성이고 있다. 정염을 불태우던 그 시절의 청춘은 어디로 갔을까? 수줍은 햇살을 한 줌 안고, 희미한 약속을 기다리는 가엾은 사랑의 노예처럼, 슬픈 미소 지으며 그 자리를 떠나지 못하고 있는 이유는 뭘까? 자기를 알아주던 사랑스러운 날들이 못내 아쉬운 미련 때문인가.

어디선가 거문고를 켜고 은은하게 들려줄 것만 같은 백아(伯牙)가 없어 지음(知音) 같은 그런 이유는 아닌지. 신라에 악성 우륵이 있었다면, 중국에는 백아가 자기의 음악을 들어주던 종자기를 잃고 너무도 슬퍼 거문고 줄을 끊어버렸다는 애달픈 사연 같은 그런….

우주와 조화를 이루던 그때, 중독된 그 달콤함 때문인지는 몰라도, 만나고 헤어짐을 순리라 여기고, 아름다운 해후를 위해 함께 떠났으면 좋았으련만, 왜 너를 바라보는 내 마음까지 쓸쓸해지는지.

허~~. 안타까워하는 이내 마음 삭아지도록, 이젠 더 이상 기다리지 말고 떠나가 주렴.

나이테

세월이 흐르면서 깊어지는 주름, 그 속에 담긴 이야기조차 희미해져 갈 때, 나이를 좀 먹었다고 쓸모없는 존재가 될 줄이야 미처 몰랐소. 강인한 솟대처럼 서 있던 삶이 한 순간 병 들어, 몸통까지 잘려 나갈 줄이야 정말 몰랐소. 기억 속에서 빛나던 날들은 이제는 퇴색된 사진첩의 한 인화지처럼 멀어져 가나 보오.

이제는 조금은 알겠소.
삶이 무뎌져도, 병들어 약해져도, 그 속에서 여전히 빛나는 소중한 무엇이 있다는 것을, 흘러가는 세월을 억지로 잡아놓는 자연을 거부할 수 없다는 것을, 사는 동안 그 무엇을 찾고 지켜내는 것이야말로 참다운 삶을 꾸린다는 것을,

이제야 조금은 알겠소. 내 몸도 자연의 일부라는 것을, 사람도 순환되는 이치에 따라 순응되어야 된다는 것을….

마지막 잎새

어느 집 담장 앞에서 발걸음이 멈췄다. 복잡 미묘한 감정을 일으키며 마음의 파장을 일으키는 담쟁이 이파리 한 잎이 시선을 끌었기 때문이다. 쉽게 단정할 수는 없지만, 세파世波에 견디지 못해 나타난 흔적 같다. 이 척박한 환경에서 살아남기 위한 몸부림인지…. 함께 어울렸던 모두가 훨훨 떠나가 버린 뒤 잿빛으로 도색된 절망의 늪에서 홀로 있는 세상! 그것은 허망한 생존의 허탈함에 투쟁하듯 버티고 있는 것처럼, 삶의 애착이 심한 생존의 몸부림 같은, 목숨보다 더 소중하게 여기는 어떤 '약속' 같은, 간절한 기다림의 표상으로 남아 있다. 어쩌면 지워버릴 수 없는 지독한 그리움 때문에 서성이고 있지는 않은지.

한편으로는 그 약속을 지키기 위한 삶의 버팀이 생사生死의 갈림길에서 버릴 수 없는 희망의 끈을 놓지 않은 삶의 증거 같기도 하다. 또 다른 생명의 바탕이 되고 있는 죽음과 동반하는 명암明暗을 함께하고 있는 것이 순리일지도 모른다. 또 한편으로는 살아 있는 이 생명체에게도 한때는 열정적으로 살았던, 그런 날들이 있어 삶의 욕망이라는 특별한 감정이 있었을 것이라는 막연한 생각이 든다. 무슨 가치를 지닌 심리적 작용이 생기는 것은 무슨 이유 때문인가?

희로애락喜怒哀樂이 여실히 드러나 있는 상태를 보면, 반목하면서도 사랑이란 걸 알았던 것 같기도 하고, 고독이란 걸 경험한 것 같기도 하다. 어쩌면 내가 그런 감성으로 바라보게 된 것은 아닌지, 한마디로 문답을 얻을 수 없어 혼란스럽기만 하다.

삶의 의지와는 아무런 상관도 없이 이별을 해야만 되는 숙명 같은 이치라고 할까? 삶[生]과 죽음[死]은 쉽게 풀 수 없는 어려운 명제命題인 것만은 사실이라는 것을 이 이파리가 머물고 있는 환경을 통해서 막연하게 알 것만 같다. 이별만큼 외로움을 동반하는 이 물질에서도 독특하게 보이는 삶을 영위하는 것은 전체성을 근본원리로 하는 생명체로 볼 수 도 있겠지만, 그것이 어디까지나 학문적인 현상으로 보이는 것이 아니라, 외계의 어떠한 자극에 대한 현상 같은 느낌으로 보이는 것은 무슨 이유란 말인가?

인간처럼 자신을 반성하는 의식을 가지고 자신을 아는 자각 위에서, 스스로의 존재를 의식하며 남아 있기라도 하려는 듯 보인다. 사람이 사람과 사람 사이에서 관계하는 사회적 관계가 있는 것처럼, 알량하게 보였던 이파리 하나가 울타리 생명체를 형성했던 존재 자체는 내가 쉽게 표현하지 못하는 천문학적 비밀 같은 것이 있어서 심한 고뇌를 앓고 있는 중일 것이라는 생각이 불현듯 스친다. 왕성하게 어울렸던 그런 시절은 어디로 가고, 오로지 혼자만 남아 있는 이 쓸쓸함은 어쩔 것인지.

허허, 참 묘하다.

무엇 때문에 생명이란 것에 깊이 골몰했는지. 별의별 상상력이 꼬리를 물고 일어나지만, 시원하게 내릴 수 있는 정의는 없다.

다만, 초라하고 외롭게 서성이고 있는 이 이파리 한 잎에서 보고 느꼈듯이, 분명한 것은, 살아 있는 생명체는 희망을 품고 있다는 사실이다. 살아 있으니까 사랑이라는 것도 남아 있다는….

매미는 우는 걸까? 노래하는 걸까?

이른 아침, 고요한 여명이 퍼지기도 전, 화사한 햇살이 곱게 내려앉을 즈음, 창문 밖 나무에는 매미 한 마리가 날아와 나를 깨운다. 기쁨을 전하고 싶은 어떤 것이 있어 외치는 것인지, 요란스러울 정도로 소릴 지른다. 햇살 머금은 이슬 방울 한 모금 마시고 오늘이 감격스럽다고 행복한 노랠 부르는가. 얼마나 기다리고 고대하던 기쁨이었을까? 아침을 알리는 기상나팔 소리처럼, 여름을 알리는 전령사처럼, 승리하고 돌아오는 개선장군처럼, 그칠 줄도 모르고 부르는 노래! 맴맴맴~

푸른 나무 그늘 아래서 오늘 같은 노래를 할 수 있었던 것은, 아마도 그 긴 세월을 참고 견뎠던 보상인지도 모른다. 자그마치 7년 정도를 땅속에 살다가 세상 밖으로 나왔으니 얼마나 감격스럽겠는가! 맴맴맴~

우리는 매미가 운다고 말을 한다.

우주에 살아 있는 생명체는 모두가 교감을 가진다. 그리고 사랑을 한다. 사람도 인종에 따라, 또는 특정 지역에 따라 다른 말을 하는 것처럼, 모든 종種마다의 그들은 소통하는 말을 한다. 다만 그들이 내는 주파수를 알지 못해 우리가 그 말을 알아듣지 못할 뿐, 분명 매미는 노래를 부르고 있다.

초여름만 해도 부드럽게 들리던 매미의 소리가 한여름철만 되면 극성부리듯 울어대서 시끄러울 정도다. 애벌레 7년에 성충 3~4주 정도라고 할 수 있는 짧은 생애이기 때문에, 사람들은 듣기에 따라 슬프다고 표현할 수도 있겠다. 그 자신의 생애가 짧음에서 오는 덧없음을 스스로 알고, 슬퍼서 울 수도 있겠다. 하지만, 요란스럽게 울어대는 것은 그들 특유의 본능에서 나오는 청혼가를 부르는 것이다. 입추가 지나면 떠나가야 된다는 것을 이미 알기에, 슬프도록 큰 소리를 내어 짝을 찾는 노래를 부르는 것이다. 하늘의 별이 울려 퍼지는 뇌성의 소리 같은, 아름다운 새소리와 합창하듯 울어보는 소리. 꽃들은 피어 시들었지만, 아침 햇살이 빛나고 저녁노을이 아름다운 자연과 함께하고 싶어하는 그들은 열심히 청혼을 하는 중인지도 모른다. 오로지 수액과 이슬만 먹고 사는 매미는 노래한다. 맴 맴맴….

이러한 매미를, 사람들은 오덕五德을 갖춘 덕목德目이 있다고 했다.

첫째는 매미의 머리가 관의 끈이 늘어진 모습과 닮았다 하여 문인文人의 기상이 있고, 둘째는 이슬만을 먹고 사니 청정淸淨하고, 셋째로는 곡식을 먹지 않고 해를 입히지 않으니 청렴淸廉하며, 넷째는 살 집을 따로 만들지 않으니 검소儉素함을 갖추었고, 다섯 번째는 계절에 맞춰 나와 도리를 다하여 울어대니 신의信義를 지킨다 하여 그렇게 평가하기도 했다. 또한 익

선관翼蟬冠이란 좋은 유래를 낳은 매미이기도 하다.

  이렇듯 좋은 이미지로 우리 곁에서 여름만 되면 찾아와 노래를 불러주는 매미는, 생존을 위해 열렬한 사랑 노래를 부른다. 나는 지금 삶과 죽음과 생명 사이에서 살아 있노라고 외치는 소리이다. 위대한 선물 같은 오늘을 살고 있노라고 찬양하는 노래를 부르고 있는 것이다.

수련의 성城

꽃들은 꽃이 예쁘고 귀중하다는 걸 서로 안다. 같은 수중 안에서 뿌리를 내리고, 같은 하늘 아래서 숨 쉬고 있다는 걸 서로 안다. 서로를 보호하고 서로를 귀히 여기는 그 심성! 바람이 불어도, 비가 내려도 함께 흔들리며 의지해야 된다는 걸 서로 안다. 한 송이 꽃을 피우기 위해 그들은 얼마나 서로를 배려해야 하는지를….

한 송이 꽃잎이 피어날 때, 옆에 있던 꽃들은 그 길을 열어주고 햇볕을 나눠주며 오롯한 아름다움으로 찬양한다. 그리하여 어느 한 꽃에서만 머물지 않고, 서로 나누어 먹는 영양으로 자라나 모든 꽃이 한껏 피어날 수 있도록 서로의 향기를 나누고 서로가 서로를 비추며, 보호하며, 한 성城을 이룬 꽃으로 피어난다.

꽃은 알고 있다. 한 송이 꽃을 피우기 위해, 얼마나 많은 인내와 얼마나 많은 배려와 사랑이 필요한지를….
하여, 그래서 꽃이 예쁜가 보다.

주인 없는 묘지

의림지 제1경인 진섭헌振屧軒터를 찾아보다가 뜻밖의 묘지를 보고 깜짝 놀랄 수밖에 없었다. 세월의 풍파에 못 이겨 마모된 비석 뒤로, 무덤이라고 겨우 식별할 수 있는 봉분 위에 수령이 7~80년은 족히 되어 보이는 소나무 한 그루가 우뚝 서 있지 않은가?

마음이 심란하다. 후손들이 무슨 이유로 해서 멸문지화滅門之禍가 된 것은 아닌지? 생계에 곤란을 겪어 조상을 잊어버리고 사는 그 후예의 선조는 아닌지? 어느 세대에 가서 아예 후손이 끊긴 무덤의 주인은 아닌지? 별의별 생각이 스친다.

아참! 오늘이 한식寒食날이지 않은가!? 음식을 만들어 조상의 산소를 찾아가서 손질하고 돌본다는~.

그러고 보니 나 또한 이 무덤의 후손이나 다를 바가 아니라는 생각이 든 것은 무슨 이유인가? 무슨 연유로 해서 임금한테 버림을 받았다가 사후死後에서야 추증승지상명追贈承旨尙明이란 벼슬을 받은 8代祖 상명 할아버지의 묘지조차 보기가 너무도 송구스러울 것 같다. 습하고 외로운 비탈 위에 홀로 계시니, 이 무덤의 후손이나 다름없지 않나 하는 생각이 들어 혼란스럽다. 先人들의 삶의 흔적을 찾아 산속을 헤매면서도, 정작 내 조상을 숭배해야 하는 이런 날은 까마득히 잊고 있었으니, 고향을 지키는 토박이 형님께는 늘 죄송한 마음뿐이고, 나 또한 마음이 무겁기만 한 것은 왜 그런가? 불효한 자식이다 나도….

하늘 캠퍼스

파란 하늘바다에 하얀 물감으로 그림을 그려본다.

누구는 백성이 하늘이라고 하고, 자아도취에 빠진 어떤 이는 백성을 관리하겠다고 큰소리치는 와중에, 나는 한 사람의 얼굴조차 그리기 어렵다. 한쪽을 그려 넣으면 금세 다른 한쪽이 흩어지고, 일기장에 남아 있는 이름만 남아 있을 뿐…. 이 가을, 하트 하나 건네주던 그 손길만 선명하다.

스러져간 기억이 불현듯 찾아왔건만, 그리고자 하는 얼굴은 도저히 그려지질 않아 가슴만 태우다가 산책 나온 하늘 캠퍼스에 포근한 그리움이 밴 추억을 그린다.

가슴 깊숙이 스며 있던,
오롯하게 남아 있는,
그날의 아름다운 흔적을,
네 얼굴이 그려지면 그만 눈물이 왈~콱 쏟아질까 봐,
차마, 마음속으로만 그린다.

바위의 고독

우리에게 이정표가 되어주면서, 늘 묵언수행 하는 줄로만 알았던 너에게도 짙은 우수憂愁에 견디지 못할 만큼의 고독이 있었나 보다. 네 삶의 무게라 할까? 무거운 침묵이 주위를 압도하는 걸 보면 인사말을 건네기조차 쉽지 않다. 고향 땅을 등지고 떠난 그 자리라서 그런 것인지, 그 자리 그대로 앉아 풍우상설風雨霜雪에 낡아 오히려 그 자체가 높아 보일 수도 있겠지만, 제명대로 살아가기가 힘들어 그만 바윗돌이 되어버린 사유가 된 것이랄까? 울명줄명한 작은 바윗돌도 어른 바윗돌을 따라 침묵하고 있는 것 같다.

 때론 사계四季의 바람 소리를 듣다 보면 듣기 좋은 미담도 있을 테지만, 듣기에도 안타까운 사연도 있어 오히려 거센 비바람에도 부동不動하던 너의 모습에 위안이 될 때도 있었지. 그러다가 봄이 오면 수다를 떨며 피어나는 봄꽃 이야기 같은, 몇 년째 아기 소리를 들을 수조차 없었던 상수리 마을에 쌍둥이가 태어났다는, 건넛마을 노부부가 어렵게 키운 손자가 공무원이 되었다는 등등을, 너로부터 듣다 보면 살짝 그 옆에다 향기 짙게 배어나는 난초蘭草 한 포기 심어주고 싶은 마음도 든다.

 여름이면 아름다운 음악을 공연해 주는 새들의 합창을 듣기도 했지. 네가 서 있는 사천리沙川里 강가엔 피서하는 사람들이 북적거렸지. 들녘이 풍요롭고 가을빛에 물든 갈대꽃 속삭임이 있을 적에도, 금슬 좋기로 소문났던 부부가 무슨 이유 때문인지는 몰라도 눈물 바람으로 갈라섰다는 그런 소문을 들으면서, 안타까움을 삭이며 그대로 서 있는 너를 보면 내 마음까지 속상한 건 무슨 이유인가?

아무것도 보지 못한 것처럼 모른 척하고, 아무런 표정도 없이 태연하게 서 있는 너의 존재는 뭔가?
듬직하게 보이기만 했던 네가 왠지 모르게 고독을 앓고 있는 것처럼, 보이는 것은 왜, 그럴까?

차창 밖 가을풍경

마음이 울적할 때면 어디든지 떠나 보고 싶은 마음으로, 목적지도 없는 여행을 감행한다. 열차에 날개깃을 달고, 집에서 출발해 다시 집으로 돌아오기 위한 여행을 한다. 지평선 너머를 달리는 신기루가 궁금한 산천을 안으며, 끝없는 풍경이 펼쳐지는 신비를 본다. 비슷하지만 똑 닮은 것이라곤 하나도 없는, 자연의 오묘함이 한없는 행복으로 채워지는 차창 밖 풍경! 내 입가엔 포근한 미소가 일며, 그동안 쌓였던 삶의 땟물을 씻어낸 듯이 마음이 가볍다

거대한 시멘트 건축물이 몸통 뒤로 숨겼다가 쏟아내는 오방색깔들~. 한 폭의 풍경이 먼 거리의 풍광을 삼켰다가 실체적 입체로 토해내는 풍경들~. 저 멀리 산사의 범종 소리가 나를 부를 것만 같은 은은한 환청의 소리를 뒤로하고, 어느 기러기 한 마리가 리더하며 스텔스기 비행기 모양을 이루면서, 지나가는 풍경마다 창대한 평화가 펼쳐지는 대자연의 서사시를 쓴다.

산을 넘고, 강을 건너고, 그다음엔 어떤 가을꽃이 나를 맞을까? 어떠한 미지의 세계가 다정하고 신명 난 인사를 하며 다가올까?
연인처럼 보이는 데이트족 한 쌍이 유유자적 강변 둑길을 걸어가고, 보이지 않는 상상의 아름다움이 기다리고 있을 것 같기에, 차창 밖을 바라보는 내 눈을 잠시도 뗄 수가 없다.

마음 어느 한구석에 가을 햇살이 내려와 따스한 포옹으로 맞아줄 것만 같은, 언제든지 열려 있는 가을 문 안으로 들어와 쉬어가도 좋다는 가을향기는, 풍선처럼 들뜬 마음에다 흡족한 미소를 만든다.

결국, 낯익은 시선이 있는 집으로 돌아가기 전까지는….